PR 動画で
ライバルに差をつけろ！

動画就活必勝法

内定を獲るPR動画撮影術

小林　誠　著

はじめに

就職活動において「動画」がだいぶ普及してきました。これまでもマスメディアや航空会社のCA職など、動画との親和性が高い業種やルックスが重要な職種では動画選考が行われていましたが、現在は業種・職種関係なく多くの企業で動画選考が行われるようになってきています。この流れは今後ますます加速することでしょう。

一方、学生側を見ると、まだまだ動画を有効に活用できる学生は少数で、多くの学生は動画で何をアピールすれば良いのか、どのように撮影すれば良いのかわからず困っています。まだ就活用動画の歴史は浅く、動画指導を得意とする指導者がほとんどいないことも学生側の悩みを深くしています。

本書は、これまで2000名以上の学生の自己PR動画を指導・撮影してきた私の経験に基づき、動画でどのような内容をどのような方法で伝えれば良いのか、具体的なポイントをお伝えすべく執筆したものです。

動画はうまく活用すれば、エントリーシートよりもずっと多くの情報を企業に伝えることができます。また、地理的・時間的な制約を乗り越え、就職活動の幅を広げることができます。逆に、動画を避けることは不利にしかならないでしょう。

是非、動画をうまく活用し、就職活動を有利に効率的に進めてください。あなたにとっての就職活動が辛いものではなく楽しいものとなりますように！

小林　誠

第6章 就活弱者の戦略
～それでも自己PRに自信が持てないあなたへ

第1章

なぜ自己PR動画が必要か

就職活動において「動画」がだいぶ普及してきました。しかし、まだ必要不可欠というほどではなく、動画を避けて就職活動を進めることも可能です。それでもなお、というよりも、だからこそ、動画を使うことで就職活動が有利になることは間違いありません。本章ではその理由をお伝えします。

企業がエントリーシートを見る意味

動画について考える前に、現時点で普及している「エントリーシート」を企業が見る意味を考えてみましょう。

多くの企業が選考の初期段階で書類選考を行っています。この主な目的は、有り体に言えば「足切り」です。企業の採用担当者は忙しく、全ての応募者を面接している時間はないので、会う人数を絞る必要があるわけです。

この際、「本来採用すべき人材を足切りしてしまう」とか、逆に「明らかに採用基準に達していない人材を通してしまう」といった間違いが、一定の確率で発生します。書類選考にかけられる時間（コスト）が限られている以上、こういった間違いを完全に防ぐことは難しいのですが、なるべく間違いを減らすことで企業の採用活動が効率的になります。従って、企業は書類選考の際に、

1. 限られた時間（コスト）の範囲内で
2. 本来採用すべき人材をなるべく落とすことなく
3. 明らかに採用基準に達していない人材を足切りする

ということをやっているわけです。

では、具体的にはエントリーシートのどこを見ているのでしょうか。

中途採用であれば、職歴を見ることで、その人のスキルや仕事ぶりがある程度わかります。しかし、新卒採用の場合は職歴そのものがありません。そこで「学歴」を見るのです。

「偏差値の高い学校に合格した＝努力ができる、能力がある」というわけです。もちろん企業側も、これが必ずしも正確でないことはわかっているのですが、職歴のない学生のエントリーシートには他に参考になる情報がほとんどないために、仕方なく学歴を見ているのです。

エントリーシートには他にも、「学生時代に力を入れたこと」「自己ＰＲ」「ゼミ・研究・卒業論文」など、学生時代の実績を書く項目があります。これらは関係ないのでしょうか。結論から言えば、書類選考においては関係ないケースが大半です。もちろん、企業側も学生時代の努力や実績は評価したいのですが、問題はその努力や実績がエントリーシートの文章だけで伝わるかどうかです。

例えば、「強豪校の体育会系運動部で一軍を目指して頑張ってきた」という話は、少し聞いただけでも高いレベルで努力してきたことが想像できます。このように、文章だけでも努力したことが伝わるようなわかりやすく優れた実績がある場合は評価対象となり、学歴と同等かそれ以上の意味を持つこともあります。

しかし、ほとんどの学生はそのようなわかりやすく優れた実績を持っていません。その場合は、学生時代の努力が文章だけでは伝わりませんから、学生時代の実績については書類選考では評価対象外ということで、学歴だけで書類選考の合否が決まることになります。

書類選考と面接

まるでエントリーシートの学歴以外の項目は意味がないかのような書き方をしましたが、もちろんそんなことはありません。

これまでの話はあくまで書類選考に限った話です。文章だけでは伝わらないような努力や実績、さらには人柄や意欲を確認する場が「面接」です。エントリーシートは面接の際に面接官が必ず参照する資料ですから、書類選考を突破し面接に進むことができれば、エントリーシートの全ての項目が意味を持ってきます。

しかし、繰り返しになりますが、企業の採用担当者には応募者全員と面接をするだけの時間はありません。従って、エントリーシートの文章を推敲することは、わかりやすく優れた学生時代の実績がある場合を除き、書類選考対策としてはほとんど意味がありません。エントリーシートの推敲は、書類選考対策ではなく面接対策だと考えて取り組むべきでしょう。

企業が動画提出を求める意味

それでは、動画の話に入りましょう。企業が応募者に動画提出を求める理由は大きく2つあります。

まず最初に指摘しておきたいのが「就職活動用の自己PR動画を撮影する」ということ自体が誰にでもできることではなく、事実上の選考になっているということです。就職活動において自己PR動画はだいぶ普及しつつありますが、現時点ではまだ必須というほどではなく、避けて通ることも可能です。

そのため、まだまだ動画に対して抵抗感を持つ学生も多いのが実情です。動

画を撮りたくない理由としては

・面倒くさい
・自信がない
・その企業に対する志望意欲がそれほど高くない
・周りの皆がやっていないことを、自分だけやりたくない

といったものが挙げられます。逆に言うと、動画を提出する学生は

・困難に対して面倒くさがらずに取り組むことができる
・自分に自信がある
・志望意欲が高い
・周りに流されず主体的に行動できる

という人物であるということができます。

どちらが企業が採用したい人物像に近いかは言うまでもないでしょう。企業側からすると、動画提出を求めることで、自ら時間とコストをかけて選考する

ことなく、応募者を後者だけに絞り込むことができるのです。

2つめの理由は、エントリーシートではわからない情報が動画から得られるということです。

本来、企業が新卒採用の選考で重視する「人柄」や「意欲」は、エントリーシートではほとんどわかりませんが、動画であればある程度わかります。また、学生時代の努力や実績についても、文章だけでは伝わりづらい内容であったとしても、熱く真剣に語っていれば「どうやら本気で頑張ったんだな」という程度には伝わります。

従って、企業側からすると、動画を見ることで面接での確認事項の一部を面接前に確認することができることになります。動画は自分の都合の良いタイミングで、自席に居ながら見ることができるので、忙しい採用担当者にしてみれば、従来は面接でしか確認できなかったことが動画で確認できるということは大きなメリットなのです。

学生が自己PR動画を提出するメリット

学生からみると、これらを逆手にとって就職活動を有利に進めることができます。エントリーシートの文章だけで伝わるような優れた学生時代の実績を持っていなくても、動画であれば伝わる可能性がありますし、少なくとも人柄や意欲を伝えることはできます。もちろん、優れた実績を持つ学生も、動画を使うことでより強力にアピールすることができます。

加えて、動画を提出するという行為自体が、自らが困難に逃げずに立ち向かうことができ、自分に自信を持っており、志望意欲が高く、周囲に流されない主体性のある人材であることをアピールすることになるのです。

もちろん、動画選考の結果不採用になることもあり得ますが、少なくとも動画を避けてエントリーシートだけで勝負するよりは、選考を通過する可能性が高くなるでしょう。

学生にとって企業に自己ＰＲ動画を提出することは、「百利あって一害なし」なのです。

第2章
内定を獲る自己PR動画（内容編）

「動画を撮ると言っても、何を話せばよいのかわからない」という学生は多いです。基本的には面接での自己PRと同じで良いのですが、そもそも自己PR自体が何を話せば良いかわからないという方も少なくないでしょう。

本章では自己PRの内容について、そのポイントをお伝えします。動画撮影を主目的とした内容ではありますが、面接対策としても有効です。

企業は学生の何を見ているか

高校入試や大学入試は、テストの点数が高い順に合格するものでした。言わば、学力という「能力」を評価し、その能力が高い順に合格していくわけです。学力が高い受験生が全ての学校に合格したり、逆に学力の低い受験生が全ての学校で不合格になることも起こりえます。

企業の選考も同じようなものだと考えている学生が少なくありませんが、そうではありません。優秀な学生だからといって全ての企業から内定をもらうということはまずありません。企業の選考は学生の「能力」だけを見るものではないからです。

新卒採用では現時点での能力よりも、自社で教育・育成することを前提とした「将来性」を見ています。簡単に言えば「入社後に伸びそうな人」を採用したいわけです。また、入社後３年以内に辞める社員が3割を超える現状では「すぐに辞めなそうな人」であることも重要です。

では、どういった人が「入社後に伸びそうな人」「すぐに辞めなそうな人」に当たるのでしょうか。もちろん具体的な評価点・採用基準は企業により異なりますが、どんな企業でも共通している点が大きく2点あります。

一つは「意欲」、つまり仕事（その会社の事業）に対するやる気があるかどうか。もう一つは「相性」、つまり社風と合っているかどうか（先輩、上司、お客様、取引先とうまく付き合っていけそうかどうか）です。「能力」も評価対象ではありますが、基本的には業務を遂行する上で必要な能力を持っているかどうかという見方になります。

必要以上に高い能力を持っていることは（もちろん能力が高いに越したことはありませんが）さほど重要ではなく、それよりも「意欲」「相性」の方が重要です。

従って新卒採用では「めちゃめちゃ優秀だけどあまりやる気がなく、社風と合わない人」よりも「そこそこ優秀で、やる気があり、社風と合う人」の方が内定を得られる傾向があるわけです。

なぜ選考は厳しいか

近年の新卒採用市場は空前の売り手市場となっていますが、それでも企業の選考はそれなりに厳しく、内定となることよりも不採用になることの方が圧倒的に多いです。なぜ企業は人手不足と言いながら、厳しく選考するのでしょうか。

新卒採用とは、未経験者を正社員として採用する行為です。これは、企業にとって多くのコストとリスクを負担することになります。コストは大別して入社までにかかる「採用コスト」と、入社後にかかる「育成コスト」があります。

採用コストは、学生に自社が求人していることを知ってもらい、会社説明会などによって自社のことを理解してもらい、応募者に対して選考をするために必要な費用です。

ナビ媒体への求人情報掲載料、採用担当者の人件費、説明会会場費、パンフレット・採用サイト等の作成費、適性検査の費用などが該当します。加えて、近年は売り手市場化により内定辞退が増えているため、内定辞退を防ぐための内定者フォローの費用もかかります。

育成コストは、新入社員が一人前の仕事ができるようになるまでにかかる費用です。新人研修費、ＯＪＴ担当の先輩社員や総務・経理など間接部門の人件費、新入社員に支給・貸与する備品の費用などがあります。また、研修期間中にも給与は支給するのですから、給与や社会保険料（企業負担分）も事実上の育成コストです。

これらのコストがいくらかかっているかは企業により千差万別ですが、参考までに「2018年卒マイナビ企業新卒内定状況調査」によると、採用コストの平均値は上場企業で約1531万円、非上場企業で約371万円となっています。

これはあくまで平均値であり、実際のコストは業種や企業規模によっても大きく異なりますが、多くの場合、企業は決して安くないコストをかけているわけです。

さらに、正社員とは「会社は原則として社員をクビにできないが、社員は特に理由を示さずいつでも会社を辞めることができる」という不公平な契約ですから、企業側から見ると「せっかくコストをかけて採用・育成したにも関わらず、一人前になる前に辞めてしまう」というリスクがあります。

すぐに辞められてしまうと、それまでにかかった「採用コスト」と「育成コスト」の分だけ損をすることになり、大変な損失になりますから、企業側としてはこのリスクはなんとしても避けたいわけです。

言い換えると、企業の採用選考を受けるということは、「僕にコストをかけて育成してください。さらに、僕をクビにすることはできません。ただし、僕はいつでも理由を示さずに貴社を辞めることができます」という契約を取るための営業をするということです。学生側にとって極めて有利な、企業側にとっては不利な契約ですから、この契約を取ることは当然、難しいわけです。これが、企業の選考が厳しい理由です。

学生は企業に何をアピールするべきか

それでは、学生は内定を獲るために企業に何をアピールすれば良いのでしょうか。簡単に言えば「僕を採用することにはコストもリスクもありますが、それでも僕を採用すれば、そのコストとリスクを上回る利益があります！」「貴社を儲けさせてみせます！」というようなことが言えればよいわけです。

中途採用の場合は、その根拠としてこれまでのビジネスでの実績や即戦力スキルをアピールするわけですが、社会人経験のない学生の場合はそういったアピールはできません。そのため、それ以外の根拠で「貴社で活躍します！」というアピールをする必要があります。具体的なアピールポイントとしては、

①活躍できる能力
②活躍する意欲、やる気
③相性が良い（人柄）
④仕事内容に興味がある、楽しめる
⑤すぐに辞めない、安易に休まない

という点が挙げられます。この5点について、詳しく見ていきましょう。

アピールポイント①
活躍できる能力

企業は新卒採用において、即戦力スキルよりも将来性を重視しています。そのため、ここでアピールすべき「能力」とは「即戦力スキル」ではなく「人間性」、つまり性格的な長所になります。

例えば、「明るくて誰とでも仲良くなることができる」とか「根気強くて嫌なことがあっても最後までやり遂げることができる」、「向上心があり、失敗を恐れず新しいことに挑戦できる」などといったことです。

もちろん、即戦力スキルを持っている学生はそれをアピールしても良いのですが、あくまでプラスアルファの話であって、企業が最も聞きたい話は「将来性」「人間性」であることを忘れないようにする必要があります。

また、言い方を間違えると逆効果になることがあることも注意が必要です。例えば、プログラミングを勉強した学生が「私の長所はプログラミング能力です」というアピールをした場合、企業側の視点としては、学校でプログラミングの勉強をしたからといって実際には即戦力にはならないことが多いため、「そのレベルで満足しているようでは困る」「伸びしろがなさそう」という評価になりかねません。

「プログラミングの勉強をしてきた」という事実を根拠としたアピールをするのであれば、「プログラミングが好き」「向上心がある」「論理的に物事を考えることが得意」というような性格的な話にした方が良いでしょう。

企業は、新人を一人前の戦力として育成すべく、入社後には様々な研修や育成プログラムを用意しています。そのため、業務で必要となるスキルや知識は、入社時点ではゼロでも、研修や業務を通して教え込むことができることがほとんどです。

一方で、人間性に関しては幼少期から形成されるものであり、成人した人間の性格を変えることは難しいのです。

例えば、「明るく元気な人が欲しい」と考えている会社が、暗くて元気のない人を採用し、入社後の研修で明るく元気な性格に変えることができるかと言えば、それは不可能です。そのため、新卒採用の選考では、人間性や性格が自社の求める人材像と合っているかを重点的に見るわけです。

つまり、スキルに関しては現時点で持っているかどうかよりも、「教育したら伸びそうかどうか」（そのための素質を持っているか）という見方が中心になります。従って、選考を受ける側としては、即戦力スキルよりも「人間性」「将来性」を見られている、という点を意識してアピールする必要があるのです。

アピールポイント②

活躍する意欲、やる気

新卒採用において企業が最も重視する点が「意欲」であると言ってよいでしょう。将来性、つまり入社後に伸びるかどうかを見る上で、意欲があることは極めて重要だからです。

意欲がある人は、入社時点での能力はそれほどでもなくても、（最低限必要な素質さえ持ち合わせていれば）入社後に伸びることが多いですし、逆に意欲がない人は優秀でも伸びないからです。また早期離職のリスクを測る上でも「意欲」は重要です。

意欲をアピールする上では、言葉よりも態度が重要です。「会場に早めに到着する」「やむを得ず遅刻や欠席をする場合は早めに連絡し、丁寧にお詫びをする」

「しっかりと挨拶をする」「熱心にメモを取る」「相手の目を見て話をする」などです。

こういったことは、マナーやテクニックとして覚えるよりも、気持ちの問題と捉えた方が良いでしょう。つまり、面接官を騙して内定を取ろうとするのではなく、面接官と一緒にビジネスをするために誠実に信頼関係を築こうとする心構えで臨めば良いのです。

採用担当者は選考のプロなので、テクニックで内定を騙し取ろうとすると見抜かれてしまいます。逆に、誠実に信頼関係を築こうという気持ちを持ち、それをしっかりと伝えることができれば、少々マナーで至らない点があったとしても内定に近づきます。

アピールポイント③

相性が良い

相性、つまり社風と合っているかどうかも採用の際に企業が重点的に見ているポイントです。人間同士でも気が合う、合わないがありますが、企業も人間の集合体ですので、合う合わないがあるのです。

先述の通り、せっかくコストをかけて採用・育成した新入社員が早期に辞めてしまうことは企業にとって大きなリスクなのですが、実際には大卒の新入社員はおよそ3人に一人が3年以内に退職しています。

退職理由として特に多いものの一つが「人間関係」です。一緒に居て楽しい仲間とであれば少々の長時間労働には耐えられます。逆に人間関係が険悪な職場では、残業のほとんどない楽な仕事であっても、そこに居るだけで辛いものなのです。

企業から見ると、社風に合ったタイプの人を採用することで、早期離職のリスクを減らすことができますから、相性を重視するわけです。早期離職は学生側にとってもリスクですので、同様に選考を受ける企業との相性（社風と合うかどうか）は重点的に見るべきでしょう。

社会経験のない学生にとって、仕事内容が自分に合っているかどうかを判断することは少々難しいですが、社風と合うかどうかは比較的わかりやすいはずです。

就職活動を始めたばかりの頃は、まだ自分がどういう会社と合っているのかわからないかもしれません。そのため、まずは多くの企業の説明を聞き、採用担当者やOBと会うことが重要です。

あまり「自己分析」「企業研究」と頭でっかちにならずに、就職活動の初期は企業を見る目を養う期間だと考えて、なるべく多くの社会人と会うことを重視した方が良いでしょう。

また、社風と合っていない会社には入らない方が良いことを考えると、例えば「この会社はガツガツ系だからガツガツキャラで行こう」というような、自分を偽って内定を取りに行くようなことは、やめた方が良いでしょう。

就職活動の本当の目的は「内定を取ること」ではなく、「自分に合う会社に入ること」ですから、自分を偽って内定を取るよりも、自分がどんな人間かを正直に表現して、合わない会社からは落としてもらった方が良いでしょう。その方が、結果として自分に合う会社に入社できる可能性が高くなるはずです。

アピールポイント④
仕事内容に興味がある、楽しめる

これは主に志望動機に関わるところですが、その会社の業務内容に沿って、具体的にどういう点に魅力を感じたのかを伝える必要があります。

実際には仕事内容以外の点に興味を持つことも多いでしょう。例えば、残業が少ない、休暇が多い、給与が高い、など。

しかし、これらは企業から見ると「コスト」にあたる部分です。企業はコストはなるべく抑えたいと考えているのですから、これらは企業に対するアピールにはなりません。そうではなく、企業から見て「利益」になるような点を、志望動機の中心にするべきなのです。

従って、志望動機は「御社の仕事がしたいです！」という話である必要があります。これを、内定を取るためのテクニックとしてではなく、本気で言っているると思ってもらえるように、その会社の業務に沿った具体的な話として伝える必要があるわけです。

この「具体的な志望動機」を言うためには、その会社の業務をしっかり理解する必要があります。これはインターネット上の情報だけでは難しく、会社説明会などでその会社の社員から生の情報を直接聞く必要があります。「会社説明」というインプットから、「具体的な志望動機」というアウトプットを導き出すことを意識して、会社説明会に臨むと良いでしょう。

逆に言うと、具体的な志望動機は会社説明を聞いた後で考えれば良いので、会社説明会に参加する段階では志望動機がわからない状態でも問題ありません。

最初から志望動機が明確な会社しか説明会に参加しないということだと、視野の狭い就職活動になってしまい、なかなか内定が取れず苦労したり、合わない会社に入ってしまい早期離職してしまうことに繋がります。

特に就職活動の初期段階では、なるべく多くの会社説明会に参加し、その会社説明から具体的な志望動機を導き出す経験を多く積むことが必要です。

アピールポイント⑤

すぐに辞めない、安易に休まない

繰り返しになりますが、せっかくコストをかけて採用・育成した新入社員がすぐに辞めてしまうことは、企業にとって大きなリスクです。そのため、「すぐに辞めそうな人は採用しない」ということは、全ての会社に共通する選考基準であると言って良いでしょう。

自分がすぐに辞めることはないことをアピールするためには、「辛いことがあっても乗り越えてやり遂げた」というような話が必要です。企業が「学生時代に力を入れたこと」を聞いてくるのは、そういう経験があるかどうかを確認するためです。

実際には、学生時代に力を入れたことは、やりたくてやっている楽しいことかもしれません。しかし、単に「楽しいことをやってきました」という話だけでは、就職活動の自己ＰＲとしては不十分です。

元々は楽しくて始めたことでも、長期間続けてきたり、本気で取り組んでいれば、辛かったことや、うまくいかなくて諦めそうになったこともあったはずです。そういう辛いことを乗り越えてやり遂げた、という話をすることで、「仕事で辛いことがあっても、投げ出さずにやりきってみせます！」というアピールになるわけです。

自己PRのNGワード

逆に、企業に対して言ってはいけない「NGワード」もあります。代表的なものとして「自分が貰う話」「自己実現100％の話」「受け身の姿勢」「会社を辞める話」が挙げられます。

NGワード①
自分が貰う話

会社説明会などで真っ先に給与や福利厚生、休暇などの待遇面について質問する方がいますが、これは悪い印象を与えかねません。

先に述べた通り、企業は「この人を採用したら儲かるかどうか」を見ているわけですから、まずは「企業が儲かる話」つまり「自分が企業に貢献する話」をアピールするべきなのです。待遇面の話というのは、その逆の「自分が企業から与えて貰う話」つまり「企業が損をする話」ですから、順番としては後回しにすべきです。

もちろん、就職活動において待遇というのは極めて重要な要素ですから、不明な点や不安な点があれば入社前に確認して、気持ちよく入社すべきです。

しかし、それは内定をもらってからの話。内定前の段階では、「自分が企業に貢献する話」をアピールする場であることを意識して、「貢献」を再三アピールした後に少しだけ「貰う話」を質問する、という順序・バランスで臨む必要があります。

NGワード②

自己実現100%

自己PRや志望動機として「自己実現」の話をする際には、注意が必要です。

もちろん、自己実現それ自体は、決して悪いものではありません。例えば「スキルを磨きたい」「社会人として自立したい」「稼ぎたい」などは立派な働くモチベーションであり、こういう動機で働いて結果を出す人も少なからずいますから、こういう話をすること自体は問題ありません。

ただし、「自己実現が100%」になってしまうと、不採用になってしまう危険があります。なぜなら、仕事とは本来、自己実現の場ではないからです。自分のやりたいこととは違うことをやらなければならないことも少なくありません。それでもモチベーションを維持して、腐らず嫌がらずやり遂げることができるかどうかを、選考では見られています。

実際に、大卒の新入社員のうちおよそ3人に一人が3年以内に離職していますが、仕事を自己実現の場と勘違いしている方が「自分のやりたいことと違った」

という理由で辞めるケースが少なくありません。企業にとって早期離職は大きなリスクですので、自己実現100％の方は採用を見送ることになるわけです。

ではどういう話をすれば良いのでしょうか。簡単に言うと「他人の役に立ちたい」という話をすれば良いのです。

例えば「お客様の喜ぶ顔が見たい」「社会に貢献したい」「チームの皆と一緒に目標を達成したい」というような話です。自分本位ではなく他者のために頑張ろうということであれば、そう簡単に仕事を投げ出したり離職したりしないものと考えられるわけです。そういった話をした上で、自己実現の話もするのはOKです。

なお、学生時代のエピソードは、他人のためではなく「自分がやりたいことをやった」という話であっても大丈夫です。なぜなら、学生自体の活動は、自分のお金を払ってやっていることですから、基本的には自分のためで良いのです。

ただ、社会人として仕事をするということは、お給料をもらうわけですから、一義的にはお給料を払ってくれる会社のため、さらにはサービスや商品を買ってくれるお客様のためにやることになります。だから、やりたいことだけをできるわけではなく、やりたくないことをやらなければならないことも少なからずあるのです。

その違いを意識して、学生時代のエピソードでは楽しかった話がベースであっても、その中でも辛かったこと、大変だったことの話もできるようにしておくと良いでしょう。また、志望動機については、「他人の役に立ちたい」という話を中心に考える必要があります。

NGワード③
受け身の姿勢

就職活動では、ほぼ全ての企業が「主体性」、つまり自ら目標設定して自ら進んで努力する姿勢を見ています。逆に、受け身と取られる姿勢、言動はマイナス評価となるものと思ってください。

従って、自己PRでは指示されたからやったという話ではなく、自ら望んで、あるいは必要性を理解して主体的に取り組んだ、という話であることが望ましいです。
自己PRのエピソードが学生が中心となって活動しているものであれば問題ありませんが、監督・指導する立場の社会人が居る場合は注意が必要です。彼らの指示・命令があったからやったのではなく、（実際には指示があったとしても自らの意識の問題として）あくまで自分が主体的にやった話をする必要があります。

NGワード④
辞める前提

「将来起業したい」という学生も少なくありません。その心意気は素晴らしいのですが、就職活動の場では言わない方が良いでしょう。なぜなら、起業するということは「会社を辞める」ということだからです。繰り返しになりますが、早期離職は企業にとって大きなリスクであり、すぐに辞めそうな人は採用したくないのです。

将来のことを質問された場合は、その会社で活躍する前提で回答するべきです。起業を考えている場合でも、同じようなことをその会社に残って実現するイメージをしてみてください。例えば「いずれは新規事業を自分が中心となって立ち上げたい（それだけのスキルを早く身につけたい）」という話であれば、企業側も抵抗なく受け入れられるでしょう。

同様に、「将来は家業を継ぎたい」とか「家庭に入りたい」という話もしない方が良いでしょう。既に終身雇用の時代は終わっていますので、「貴社に骨を埋めます」とまで言う必要はありませんが、就職活動の時点では辞めることは考えていない前提で、「貴社で仕事を頑張ります！」という話を中心に組み立てることが望ましいです。

なお、一部のベンチャー企業などでは「起業したい方大歓迎」という会社もありますので、その場合は「起業したい」と言っても大丈夫です。

自己PRの基本構成

それでは、動画での自己PRの具体的な話に入りましょう。動画で話す内容として最低限必要な要素は「長所」と、その根拠となる「エピソード」です。

「長所」とは先述の通り、（スキルではなく）「人間性」「性格的な長所」です。例えば「明るくて誰とでも仲良くできる」とか「根気強く、嫌なことがあっても最後までやり遂げることができる」というようなことです。

「エピソード」は、長所の根拠となる体験です。「私は根気強い人間です」と言う話を聞いて、採用担当者が次に考えるのは「それ本当？」「嘘じゃないの？」ということです。

就職活動では嘘をついたり誇張したりする学生も少なくなく、面接官はそういった嘘を見抜くことが仕事なのですから、何の根拠もない話を信用することはできないのです。長所が「根気強い」という話だとしたら、その根拠となるようなエピソード、例えば「辛いことがあったがそれを乗り越えてやり切った」というような話が必要なのです。

このエピソードには「具体性」が必要です。単に「留学しました」という話だけでは頑張ったこと、苦労したことが伝わらないどころか、その話が本当なのかどうかすらわかりません。例えば「アメリカのボストンに9か月留学し、○○大学で経営学を学びました」というように、期間、場所などの客観的事実や、固有名詞を交えて説明することを心掛けましょう。

また、エピソードは面接官に「それは大変だったね」「頑張ったんだね」と思ってもらうことが目的ですから、ただ単に客観的事実を説明するだけでも不十分です。どのような問題に直面し、どのような努力や工夫をしてそれを乗り越えたのか、というような話が必要です。

例えば「合唱部の部長をやりました」という話では不十分で、「私が部長になった時点では部員数が10名にも満たず、廃部の危機にありました。そこで私は部員数倍増という目標を立て、大きく3つの対策を行いました。1つは〜」というような、具体的にどのような努力をしたのか、という話が必要になります。

自己ＰＲの構成例

１．最初の挨拶
笑顔で元気良く 例）こんにちは！○○大学△△学部の×××です。
２．長所
自分の長所を一言で 例）私の長所は明るくて誰とでもすぐに打ち解けられるところです。
３．エピソード
長所の裏付けとなる話を、具体的かつ簡潔に 例）大学２年生のときに９か月間、アメリカのボストンに留学しました。日本人のほとんどいない留学先であったため、最初は友人もできず、慣れない土地で孤独に押し潰されそうになりましたが、下手な英語でもとにかく自分から話しかけることを心掛け、積極的にコミュニケーションを取るようにしました。その結果、多くの友人ができ、帰国する頃には20か国以上の留学生と交流を持つに至りました。
４．終わりの挨拶
笑顔で元気良く 例）よろしくお願いします！

最終的に面接官が確認したいのは「あなたはどういう経験（苦労・努力・工夫）をしたのですか」ということであり、客観的事実はそれをわかりやすく伝えるための背景だということを意識して話を組み立てると良いでしょう。

エピソードは、簡潔にまとめることも必要なのですが、それよりも「具体性」が優先だと考えてください。簡潔さを意識するあまり具体性に欠ける話になってしまうぐらいなら、具体的な話で長くなってしまった方がマシだということです。

最初から簡潔な話を作ろうとするのではなく、まずは長くなっても構いませんので、初めて会った人がその情景をイメージできるような具体的な話を考えてみてください。その後に、具体性を損なわない範囲内で簡潔な話にしていくと良いでしょう。

どんなエピソードが良いか

エピソードは、学生の間に本気で打ち込んだことであれば、基本的には何でも構いません。よくあるのは部活、サークル活動、学生団体の活動、ボランティア活動、留学、ゼミ・研究室での研究などですが、それ以外のものであっても構いませんので、とにかく自分が本気で頑張ったと思える話をするようにしてください。

ただし、アルバイトの話をする場合は注意が必要です。選考では「主体性」も見られていますが、アルバイトはマニュアル通り、店長の指示通りに動くことが多く、主体性を発揮する機会は少ないため、どうしても主体性のない話になりやすいからです。

いくら頑張った話でも、「マニュアル通りやっただけでしょ」「中心になって進めたのは店長であって、あなたじゃないでしょ」と思われてしまってはアピールになりません。「マニュアル通りでも店長の指示でもなく、自分が考え店長に提案して実行した」というような話であることが望ましいですが、実際には難しいと思いますので、アルバイト以外に頑張ったことを探した方が良いでしょう。

なお、大学生が高校時代の話をする場合など、以前の学校での話を最初のエピソードに持ってきてしまうと、現在は大したことをしていないと思われてしまいます。2番手以降のエピソードとしては以前の話をしても構いませんが、最初に持ってくるエピソードは現在在籍している学校での話が良いでしょう。

もちろん、「小学校3年生から現在まで野球を続けています」というような、一つのことをずっと続けてきたという話であれば、以前の話が含まれても構いません。

なお、特に本気で頑張ったことがないという方は、今からでも何かに本気で打ち込むことをお勧めします。就職活動時点では現在進行形で結果が出ていない状態でも構いません。このままでは就職活動が苦しくなりますし、なんといっても何のために進学したのかわからなくなってしまいます。

就職活動はこれまでの自分の人生を見つめ直す貴重な機会でもあります。この機会に問題点を発見し改善できれば、就職活動が有利になるだけでなく、就職活動を通して学生生活を豊かにすることにも繋がります。

第3章
内定を獲る自己PR動画（実践編）

前章では自己ＰＲの内容について見てきました。しかし、実は内容はさほど重要ではありません。それよりもはるかに重要なのは「話し方」なのです。本章では内定を獲るための「話し方」についてお伝えします。

何が印象を与えるか

「メラビアンの法則」というコミュニケーションの法則があります。コミュニケーションを視覚情報（外見・動作など）、聴覚情報（声のトーン、話す速さなど）、言語情報（話の内容）の３つの要素に分け、それぞれの要素が受け手の受ける印象にどの程度の影響を与えているかを調べたものです。

結果は

視覚情報：55％　聴覚情報：38％　言語情報：7％

となっています。

メラビアンの法則

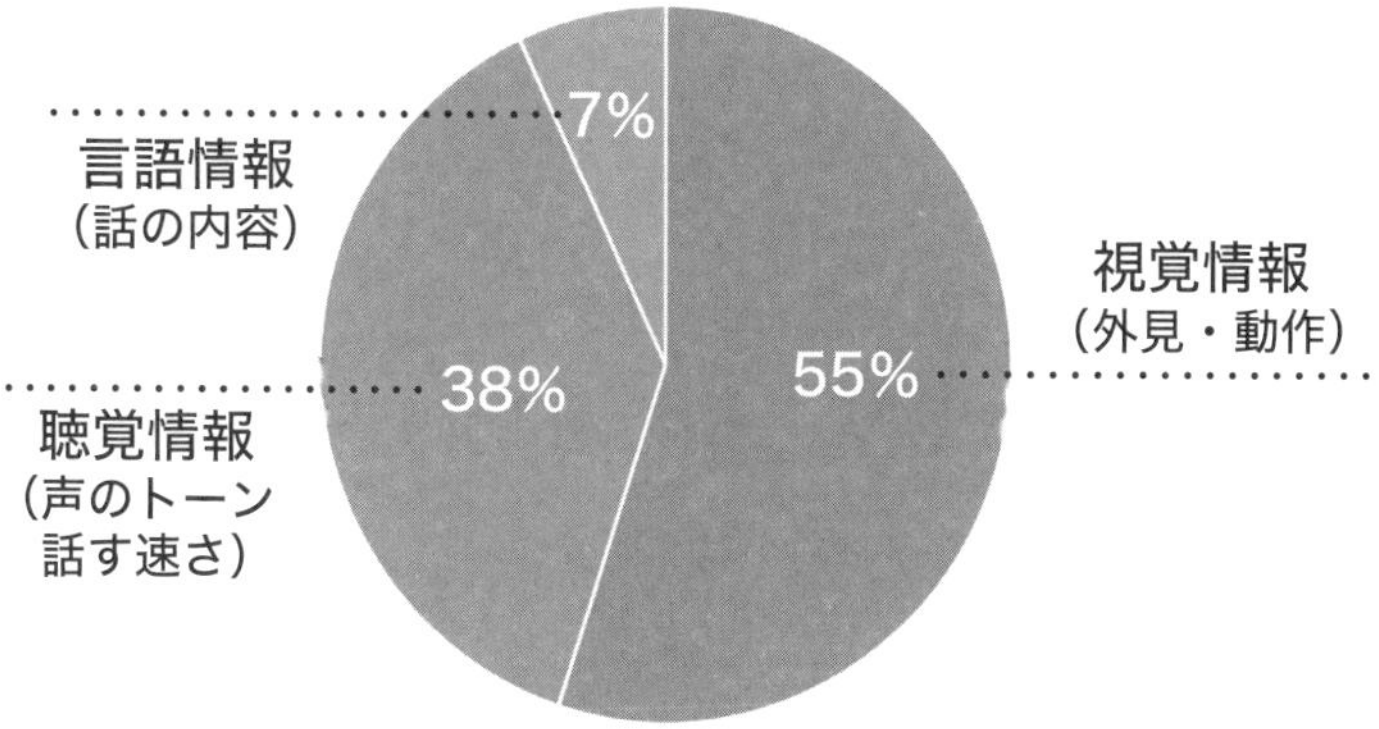

この法則は就職活動を前提としたものではありませんから、必ずしも就職活動でも全く同じだとは限りません。

しかし、企業は「良い話をする人」を採用したいのではなく、「良い人」「一緒に働きたい人」を採用したいのですから、やはり話の内容だけでなく、外見・動作や話し方も含めて総合的に評価しているのです。

従って、就職活動においても、メラビアンの法則と全く同じとは言えないまでも、かなり近い形で面接官の印象が形成されているものと考えられます。例えば「明るい人が欲しい」という企業は、「私の長所は明るいところです」という話を小さい声でうつむき加減で話す人よりも、全く違う話でも表情や話し方が明るい人を採用するでしょう。

つまり、乱暴な言い方かもしれませんが、「話の内容よりも話し方の方が重要」ということです。「自己PR対策」と称して話の内容の細かい言い回しを細々と見直している就活生も少なくありませんが、そんな時間があったら「話し方」の練習をするべきです。

もちろん、話し方を意識することは、話の内容がある程度固まって頭に入っていないとできませんから、そういう意味では話の内容を固めておくことは必要です。

しかし、逆に言えば、話の内容はある程度固まってさえいればそれで良いのです。そこからさらに良い文章にしようとする努力もある程度（メラビアンの法則によれば7％分）の意味はありますが、良い話し方をする努力をする方がはるかに（メラビアンの法則によれば93％分）効果的です。

話し方の練習方法

話し方を練習する上で重要なことは「相手からどう見えているか」を意識することです。例えば、自分では笑顔で明るく話しているつもりでも、相手から見ると表情が硬かったり、笑顔がひきつっていたりすることは良くあります。

鏡の前で練習するのも良いですが、これだけスマートフォンが普及した現代において最も効果的な練習法は、スマートフォンで自分の自己ＰＲを撮影することです。

この方法だと、話しているときは話に集中し、見るときはチェックに集中できます。自己ＰＲの長さ（時間）も確認できます。話すことによって内容も頭に入っていきますし、繰り返すことで徐々に余裕ができ自然な話し方ができるようになっていきます。文章を何度も推敲するよりも、大体の文章ができたら動画を使って話す練習を繰り返しする方がずっと効果的です。

話し方の具体的な要素

話し方を練習する上で意識するべきことは、見ている人に良い印象を与えることです。基本的には笑顔で、明るく、元気よく、意欲的に話すことが重要です。ただし、自分の実際の性格とかけ離れたことをする必要はありません。あくまで自分の魅力を、話の内容だけでなく表情や声でも表現する、ということです。

例えば、どちらかというと暗い性格の方であれば、満面の笑顔を作る必要はありません（うまくいかず逆効果になることが多いです）。ただ、それでも心を許した仲間に、機嫌の良い時に見せる、自分なりの柔らかい表情があるはずです。

自分のキャラクターの範囲内で、良さを引き出すことを意識してください。

それでは、具体的に9項目のチェックすべきポイントを見ていきましょう。

チェックポイント①

視線 ⬇ 相手の目を見る

視線は極めて重要です。面接でも「目が合わない」という理由で不採用になるケースはよくあります。どんなに良いことを言っていても視線が合わなかったり、目が泳いでいたりすると、嘘くさくなります。しっかり目を合わせて言うだけで、同じ内容でも力強く、本当っぽく聞こえるものです。まさに「目は口ほどにものを言う」のです。

面接では面接官の目を見て話すようにしてください。動画撮影では、カメラのレンズを面接官の目だと思ってしっかり見て話すようにしてください。スマートフォンのカメラは正面ではなく斜め上についている点にご注意ください。

チェックポイント②

表情⬇笑顔

　表情も非常に重要です。どのような表情が良いかは、その人の性格や話の内容によっても変わってきますが、基本は「笑顔」です。最初と最後の挨拶は笑顔で好印象を与えるよう練習しましょう。

　ただし、ずっと笑顔で話さなくてはいけないわけではありません。話の展開に合わせて表情を変化させるのは良いことです。表情と自己ＰＲの内容との整合性が重要です。

「私の長所は明るいところです」という話をするなら、満面の笑顔で話すべきでしょう。「私の長所は嫌なことがあっても最後までやり遂げる忍耐強さです」という話だとすれば、笑顔よりも真剣な表情で力強く話した方が、説得力が増します。

　動画撮影を何度も繰り返すことで、自分のキャラクターや、自己ＰＲの内容にふさわしい表情を見つけましょう。

チェックポイント③

姿勢 ⬇ 背筋を伸ばして堂々と

姿勢は、背筋を伸ばして堂々と話すと好印象です。背筋が曲がっていると、落ち着きがなく、おどおどして自信のなさそうな印象になってしまいます。

チェックポイント④

身振り ⬇ 無駄な動きはしない

フラフラ動いたり、貧乏ゆすりのような無駄な動きは落ち着きがない、自信がなさそうな印象になります。基本的には無駄な動きはしないようにしましょう。プレゼンテーションらしい身振り手振りなど、相手に伝えることを意図した動きはＯＫです。

チェックポイント⑤

声 ⬇ 大きな声で元気よく

大きな声でハキハキと元気よく発声することを心掛けてください。これもキャラクターによりますので、おとなしいタイプの人が無理に大声を出して元気キャラを演じる必要はありません。が、それでも普段よりもやや大きな声を出すぐらいはした方が良いでしょう。

声が小さいと聞き取りづらいばかりでなく、自信がなさそうな印象になりますし、話が嘘くさくなってしまいます。

自己ＰＲでは、「私の長所は○○です」「学生時代は△△を頑張りました」「貴社で働きたいです」という真剣な話をするのですから、相手に伝えようという気持ちをしっかり持って話せば、自然と強い口調の大きな声になるはずです。

チェックポイント⑥

話すスピード
⬇ 落ち着いてゆっくりと

緊張すると早口になってしまう方が多いので、落ち着いてゆっくりと話すことを心掛けると良いでしょう。

ただし、少しぐらいの早口であれば、元気の良さや頭の回転の速さのアピールになるケースもありますので、必ずしも悪いわけではありません。撮影した動画を見て、どのような印象になっているかを確認し、問題ないようであれば無理に是正しなくても良いでしょう。

落ち着きがない、余裕がない、聞き取りづらい、といった感じであれば、改善が必要です。

チェックポイント⑦

原稿➡見ない

原稿は見ないで話すようにしてください。これは、目線をしっかりとカメラに向けるためでもありますが、それ以上に「原稿通り話そう」という意識をなくすためです。

「就職活動」「自己PR」というと、入念に原稿を用意し、その原稿通り一字一句正確に話そうとする方が少なくないですが、そんな努力には意味がないばかりか、むしろ逆効果になりかねません。

長い文章を丸暗記してその通り正確に話す、というのはそれなりにトレーニングが必要な技術です。演劇などをやっていた方でもない限り、就職活動で初めてやろうとしてもまず上手くいきません。

その結果、原稿をガン見して目線が全然合わない、思い出せずにしどろもどろになる、原稿を思い出すことにばかり意識が行ってしまい話し方が全然ダメ（目線が泳ぐ、表情が硬い、話し方が棒読みなど）といったことになります。これでは、話の内容が良いものであったとしても台無しです。実際に面接でも、目線が合わない、表情が変わらない、用意した話をしているだけで本音がわからない、といった理由で不採用になることは多いです。

それよりも、自分の言葉で自然に話すことの方がはるかに重要です。結果、原稿と違う話になっても構いません。少々不正確な日本語になったり、おかしな言い回しになったりしても、意味が通じるなら問題ありません。

原稿はあくまで、自分の考えを整理し、おおよその話す内容を固めるために書くだけで、実際にはその通り話さなくても構わない、という意識を持ってください。その上で、暗記した文章ではなく、自然な言葉が出てくるようになるよう、原稿を見ずに繰り返し練習しましょう。

チェックポイント⑧

話の区切り ⬇ 一文は短く区切る

一つの文を長く続けると、聞いている側はだんだん話がわからなくなってきます。話している方も自分が何を言っているのかわからなくなることもありますが、このような場合は聞き手にはほとんど伝わっていないことでしょう。

そういった事態を避けるため、一つの文はなるべく短く区切るようにしてください。

例えば、「学生時代は野球部に所属し、100人以上の部員がいる中で最初はなかなか試合に出ることができなかったのですが、毎日の練習以外に自宅でもトレーニングを続けた結果～」と続けるよりも、「学生時代は野球部に所属していました。100人以上の部員がいる中で、最初はなかなか試合に出ることができませんでした。しかし、～」というように話を区切った方が、聞いている側が聞きやすい話になります。

具体的な目安としては、読点（「、」）および接続詞を2回連続で使わないで、1回出てきたら、次は句点（「。」）で切る、ようにすると良いでしょう。

実際の面接では、相手のリアクションを確認しながら話すことを意識すると、適切に間を取れるようになります。動画では目の前に相手はいませんが、相手のリアクションを確認するつもりで間を取りながら話すことを心掛けましょう。

チェックポイント⑨

ミスした時の対応
↓何事もなかったかのように続ける

「噛む」ことを気にする方が多いですが、就職活動においては気にする必要はありません。マスメディアのアナウンサー職など一部の例外を除き、少々噛んだり言い淀んだりしても選考でマイナスになることはありません。ただし、「ああ、ミスった！」という顔をしてしまうと、印象が悪くなり選考に悪影響を与えかねません。少々のミスは気にせず、何事もなかったかのように話を続けて堂々とやりきってください。

また、少しでも噛んだり言い間違えたりすると動画撮影を中断する方がいますが、それをやっているとなかなか上手くなりません。少々のミスは気にせずやり切ることを何度も繰り返す方が上達が早くなりますし、やり直しのきかない面接対策としても効果的です。

挨拶も自己PRの一部

これらの話す上での注意点を全て意識し実践することは、最初は難しいと思います。障害の一つは、「話す内容が頭に入っていない」ということです。根本的な対策としては反復あるのみですが、内容が頭に入っていなくてもすぐにできる対策としてお勧めなのが「挨拶を練習する」ということです。

「こんにちは！○○大学△△学部の××です。本日はよろしくお願いします！」

この程度の内容であれば暗記の必要もありませんので、話し方の練習に集中できます。まずは挨拶を、笑顔で元気よく、大きな声で堂々と、できるよう練習しましょう。

実際の選考でも挨拶は極めて重要です。人が受ける印象は、最初と最後の印象が強く残るものだからです。ある人事部長は「最初の10秒で8割は（合否が）わかる」とおっしゃっていました。実際に最初の挨拶で合否が決まることがあり得るということです。また、動画の場合は、最初の印象が悪いとそれ以上は見てもらえない可能性もあります。実際に、皆さんがＹｏｕＴｕｂｅなどをご覧になる際も、最初の数秒がつまらないと、そこで終了してしまうことも多いのではないでしょうか。最初の印象はそれほどに重要なのです。

最後の印象も重要です。緊張して自己ＰＲを思ったように話せなかったときに、「ああ、ダメだった～」とばかりに元気なく終わる方がいますが、これは自分で自分に不採用通知を出しているようなものです。

逆に、上手くいかなかった場合でも、最後をビシッと締めれば、ある程度挽回することができますので、最後も笑顔で元気よくさわやかに挨拶して終わるようにしてください。

最初と最後の挨拶の印象が良ければ、それだけで「明るい」「元気が良い」「さわやか」などの好印象を与えられます。挨拶から選考は始まっているという意識で、挨拶でも自分の長所をしっかりアピールすることが重要です。

ワンポイントアドバイス❶
動画の設定

横で撮る　企業の方は動画をスマートフォンではなくPCで見ます。そのため、動画撮影はスマートフォンを横にして行うようにしてください。

解像度・サイズ　今どきのスマートフォンのカメラの解像度は高いですが、就職活動用の動画が高解像度である必要はありません。むしろ、あまり解像度が高すぎるとファイルサイズが大きくなり、データの送受信が困難になったり企業側のサーバ容量を圧迫したりシステムにエラーで弾かれてしまったりすることがあります。ファイルサイズは基本的には100MB未満に抑えることが望ましいです。そのため、解像度を低く抑えるよう、カメラの設定をしておきましょう。

ワンポイントアドバイス❷

撮影時のお勧めアイテム

・スマホ用三脚

・リモートシャッター

・撮影者

第4章

内定を獲る自己PR動画（応用編）

サムネイルをイメージする

第2章、第3章では自己PR動画の基本的な内容、実践方法についてお伝えしました。ここまでの内容でも、普通の自己PR動画はできるはずです。

しかし、人気企業の選考を突破することを目標とするなら、平均的な出来の無難な動画では不十分です。人気企業の採用担当者は数百、数千という動画を見ることになります。おそらく、平均的な動画は覚えてもいないことでしょう。特に印象に残った動画に対して、じっくり見て選別する、ということになるはずです。

従って、他の応募者の動画とは明らかに異なる、印象に残る動画を撮影する必要があるのです。本章ではそのためのテクニックをお伝えします。

なお、本章の記載は特に企業側から動画についての指定がなく自由に撮影する場合を想定しています。もし企業側から何らかの指定がある場合は、その指示を優先してください。

あなたはYouTubeを見るときに、どのように動画を選んでいますでしょうか。タイトルや投稿者も重要ですが、それと同じかそれ以上にサムネイルを見て選んでいるのではないでしょうか。

面接でも第一印象が重要ですが、動画における第一印象とは「サムネイル」です。パッと見で面白そうと思わせることが極めて重要で、それができないと見てもらえないのです。

それでは、人気企業の採用担当者が応募者の自己PR動画を見ている情景をイメージしてみましょう。

PCの画面には、応募者の動画がずらりと並んでいることでしょう。ほとんどは、いかにも「就活生の自己PR」という感じのサムネイルです。その中に一部、明らかに他とは異なるサムネイルが混じっています。その両者をイメージしてみてください。

あなたが撮るべき動画は、後者の「明らかに他とは異なるサムネイル」のものです。どうすればそのような動画になるでしょうか。以下、その具体的なポイントを見ていきます。

ポイント①

撮影場所

撮影場所によって動画の背景色が決まります。

従って、どこで撮影するかは非常に重要です。青空の下で撮影すれば、サムネイルの背景色が青になりますから、他の応募者の動画が白壁を背景にしたものばかりであれば、その中で明らかに目立ちます。

もちろん、ただ目立てば良いというものではありません。自己PRの内容に沿って、その内容を印象付けるような撮影場所を選びましょう。

例えば、テニス部で頑張ってきたというPRであれば、部屋の中よりもテニスコートで撮影することで、自然な形で目立たせることができ、内容もわかりやすくなります。海外留学の経験の話であれば、留学先の学校か観光名所の前で撮影すると良いでしょう。

ポイント②
服装・道具

背景以上に重要なのは、応募者本人の外見です。

明らかに目立つほどの美男美女であれば、身だしなみをしっかり整えるだけでも目立てるかもしれません。しかし、大多数の方はそうではなく、また他の応募者も当然身だしなみは整えていますので、それだけでは最低ラインをクリアするだけで、目立つことはできません。

そんな中、普通の方でもちょっとした工夫で簡単に目立てる方法があります。それは「服装」です。

服装の指定がない場合でもリクルートスーツ姿で撮影する方が多いので、スーツ姿でないだけでも目立ちます。ただ、これも何でも良いから目立てばよいわけではなく、自己ＰＲの内容に沿ったものであることが重要です。

例えば、テニス部で頑張ってきたというPRであれば、リクルートスーツよりもテニスウエアを着た方がインパクトがあります。テニスラケットを持てばさらに効果的です。自己PRの内容に沿って服装を工夫すると良いでしょう。

服装の指定をしない企業の意図は、「リクルートスーツ姿ではない普段のあなたが見たい」「服装も含めて自己プロデュースして欲しい」ということです。

安易にリクルートスーツに逃げるのではなく、自分らしさ、長所が最大限発揮できる服装は何なのか、この機会にしっかり考えると良いでしょう。

ポイント③

動き

「ベンチプレスで120kgを上げることができます」という自己PRは、口で言うよりも実際にやってみせた方がわかりやすく、かつインパクトのあるPRになります。英語が得意なのであれば最初の挨拶を英語で言うと、「お、この人は英語が得意なんだな」と思わせることができるでしょう。

学生時代に力を入れたことを実際にやって見せることで、視覚的に面白く、わかりやすく、印象に残るPRになります。

ポイント④
文字・図表

スポーツのような視覚的にわかりやすい特技・経験を持っていない方でも簡単に視覚的にアピールできる方法があります。それが、文字や図表を使ったPRです。

例えば、「大学では工業化学を専攻し、実験室で実験を繰り返してきました」というPRは、研究の内容を示した簡単な図や表、数式などを用意して見せるだけでもわかりやすくなります。実際に簡単な実験をやってみせることができれば、さらにインパクトのあるPRになるでしょう。

この時に、研究の内容を丁寧に説明する必要はありません。動画では「なんだか高度そうなことをやっているな」「一生懸命勉強してきたんだな」という程度に理解してもらえれば十分です。丁寧さや正確さよりも、視覚的にインパクトがありわかりやすいことを意識すると良いでしょう。

文字は、動画を編集して字幕を入れても良いですが、ホワイトボードに書いたり、ノートに書いて紙芝居形式で見せるなどのアナログな方法でも全く問題ありません。

動画の秒数の調整

企業側から動画の秒数の指定がある場合は、その指示に従う必要があります。基本的には文字通り解釈すればＯＫです。

「60秒以内」とある場合は60秒に近い方が望ましいですが、少々（数秒程度）でしたら短くても問題ありません。「60秒」という指定の場合（「以内」とは書いていない場合）は60秒ちょうどにする必要があります。

時間いっぱいまで話さなくても、最後に少し無言の時間があっても構いません。撮影時に長めにカメラを回しておいて、編集で時間ちょうどになるようカットすれば良いでしょう。この程度の編集でしたら、無料の動画編集アプリで十分です。

数秒程度ではなく大幅に短い場合は、自己ＰＲの内容に具体性がなく、初対面の人に良さが伝わらないような話になってしまっていることが考えられますので、内容を見直してください。

長すぎる場合は、なるべく内容には手を入れずに、他の部分を短くすることで調整するようにしてください。

最も簡単に短くする方法は、挨拶の一部または全部を省略することです。例えば、大学名・学部名を省略したり、略称にするだけでも短くすることができます。

内容を簡潔にしようとした結果、具体性に欠ける話になってしまうと選考にマイナスになってしまいます。内容に手を入れる場合は具体性を損なわないよう、細心の注意を払ってください。

企業側の意図と確認ポイント 動画指定に見る

企業の指定する動画の時間は、60秒程度のものが多いです（そのため、本書は基本的に60秒程度の動画を想定して執筆しています）。ただし、30秒、40秒、45秒など、より短い時間を指定する企業もあります。

傾向としては航空会社、化粧品、高級ホテルなど、ブランドイメージが重要な企業に多いようです。この場合は、視覚情報を特に重視しているものと考えられます。従って、動画の秒数が短い場合は、話の内容の具体性はなくても構いませんので、笑顔で明るく元気よく話すことを、60秒以上の場合よりも徹底的に意識して撮影しましょう。

60秒以上の場合は、話の内容も評価対象になるものと考えられますので、具体性のある話をする必要があります。ただし、この場合も話し方の方がより重要であることは忘れないようにしてください。

服装についても指定がある場合があります。これは、その服装（おそらくは実際勤務する服装に近いもの）が似合うかどうかを見ているものと考えられますので、しわなどがないようしっかりと着用してください。ただし、似合う似合わないは本人の努力ではどうにもできない部分もありますので、あまり気にしすぎないようにしましょう。

服装指定がない場合は、服装も含めた個性を見たいということです。考えることが増えますが、表現手段が増えるということでもありますので、チャンスと捉えて前向きに取り組むと良いでしょう。

第5章
自己PR動画の事例

本章では過去に実際に「いきなり！面接」に投稿された動画をモデルに、企業からの評価の高かった動画の事例をご紹介します。

ケースA

旅行サークルで世界中を旅行した経験をアピール

① 撮影場所
② 服装・道具
③ 動き
④ 文字・図表

【解説】

当たり障りのない無難な自己PR動画では、人気企業の選考はまず突破できません。人気企業の採用担当者は数百、数千という動画を見ることになりますので、無難なものは「覚えていない」という事態すらあり得ます。そのような事態を避けるためには、インパクトが必要です。

この動画は非常にインパクトがあります。企業によっては、最初に落とされることになるかもしれません。

しかし、この動画を「覚えていない」ということはないでしょう。少なくとも検討の俎上には上ったということです。担当者に覚えてもらえないよりは、最初に落とされる方がマシなのです。

話の内容は、「どこでも寝られること」が長所だと言っており、これ自体は大した話ではありません。しかし、この動画から伝わる長所は度胸、行動力、明るさ、元気さなど他にいくつもあり、これらを魅力に感じる企業は少なくないはずです。

このように、話の内容ではなく動きや行動で長所を表現できると、動画の強みを活かしたわかりやすくインパクトのあるアピールになります。

ケースB

ゼミでの研究成果をアピール

① 撮影場所

② 服装・道具

③ 動き

④ 文字・図表

【解説】

ゼミや研究室での活動は説明が難しく、わかりやすく伝えるためには工夫が必要です。動画ではフリップなどを使って要点を箇条書きにする、図表を使うなど、視覚的に訴える工夫をするとわかりやすくなります。また、レポートなど実際の成果物がある場合は、それを見せるのも有効です。

説明する上で意識すべきことは、アピールするのは研究の内容ではなく、自分の努力だということです。研究の内容については詳しく説明する必要はなく、大体どんな内容なのか、テーマがわかれば十分です。それよりも、いかに努力したかを伝えることが重要です。

この動画ではレポートのページ数で表現していますが、このような数値の入った量的な話はわかりやすいです。実物を見せることで視覚的にもわかりやすくなっています。

この動画からは頭の良さが伝わって来ますが、もし自己PRとして「私の長所は頭の良いところです」と言ってしまったら、あまり頭の良い感じがしないことでしょう。長所というのは、自分で言うよりも他の方法で表現した方が伝わることが多いのです。話の内容だけでなく、表現方法まで含めて自己PRだという好例です。

ケース C

陸上競技部での厳しい練習をアピール

△△△大学の□□□□です。
大学では陸上競技部に所属し、走り高跳びの選手として日々厳しい練習に取り組んできました。

どれほど厳しい練習をしてきたかお伝えしたいのですが、説明すると長くなりますので、その練習の成果をお見せします！

仕事でも、厳しい障害も飛び越えてみせます！

よろしくお願いします。

① 撮影場所
② 服装・道具
③ 動き
④ 文字・図表

【解説】

スポーツをやっている学生は、動画で良さをアピールしやすいです。リクルートスーツ姿で説明するよりも、ユニフォーム姿で実際に得意なプレーを見せた方が、ずっと良さが出ます。

なお、プロや実業団を目指すのでない限り、競技での実績や成績は重要ではありません。むしろ、そのためにどのような努力をしたか、どんなことを心掛けてきたかというプロセスの方が重要です。

例えば「選手としては試合に出場できなかったが、スタッフとして試合に出るチームメートのサポートに徹した」という話でも、高いレベルで努力してきたことが伝われば、就職活動では十分なアピールになります。

大きな実績を残せなかった場合でも、どのような努力をしてきたかをしっかり自己分析しアピールしてください。面接対策としては、これをしっかり説明できるよう言語化しておく必要がありますが、動画では説明は最小限にとどめ、動きでアピールする形でもOKです。

ケースD

バンドと研究、どちらも頑張ってきたことをアピール

○○○大学の△△△△です。
大学では生物学を専攻し、再生医療の研究をしています。

学業の傍らバンド活動を行い、ＣＤも出しています。先日の１５０人のライブでは満席でした！

メリハリをつけてマルチタスクをこなせるのが僕の強みです。

よろしくお願いします。

① 撮影場所
② 服装・道具
③ 動き
④ 文字・図表

【解説】

音楽や美術などの芸術系も、体育系と同様、実際にやってみせることでわかりやすく伝わりますし、インパクトのある動画にもなります。せっかく動画でアピールするのですから、視覚と聴覚に訴えるアピールを心掛けましょう。

また、自己ＰＲ動画でも「ギャップ萌え」は有効です。この動画は、真面目な研究の話を、真面目な感じではなくギターを弾きながらすることで逆に引き立たせています。

頑張ったことが複数ある方は、その一方を実際にやりながらもう一方の話をすると、インパクトのある動画になります。

ケースE

海外留学の経験を英語でアピール

Hello! My name is □□□□!

私は今、ニューヨークに留学しています。○○○大学の□□□□です。

最初は英語での授業についていけず苦労しましたが、あえて日本人の来ないローカルなレストランのアルバイトをすることで、授業以外でも語学力の向上に努めました。

環境変化に強い適応力が強みです。

よろしくお願いします。

① 撮影場所
② 服装・道具
③ 動き
④ 文字・図表

【解説】

英語ができる方は、最初の挨拶を英語で話すと、「私は英語が得意です」と言葉で説明するよりもずっとわかりやすく伝わります。

もちろん他の外国語でも同様です。あまりなじみのない言語の場合は説明もした方が良いですが、それでも実際に話してみせることでわかりやすくインパクトのあるアピールになることは間違いありません。

海外留学の話をする場合、留学先で撮影すると、サムネイルを一見しただけで他の動画と差別化できる動画になります。帰国後に撮影する場合も、空港など留学先にちなんだ場所で撮影すると良いでしょう。

アピールする内容は、語学力そのものではなく、それを身につけるためにどのような努力をしたか、どのような性格的な長所があるのか、という話を中心にした方が良いでしょう。

ケース F

レスリングで鍛えた筋肉でアピール

こんにちは、□□大学の○○○○です。

大学ではレスリング部に所属しています。

趣味は筋トレです。暇さえあれば筋トレをしています。

筋肉は一日にしてならず。日々の継続が重要です。この筋肉は、中学から10年間毎日筋トレを欠かさないことで鍛え上げました。

筋肉は嘘をつきません。僕の継続力は、この筋肉が証明しています。

貴社でも、この継続力を活かして仕事に取り組んでまいります!

① 撮影場所
② 服装・道具
③ 動き
④ 文字・図表

【解説】

まず服装（？）がインパクトがあります。これだけだと「筋肉バカ」という印象になってしまいますが、話の内容がしっかりしていることにより、「ギャップ萌え」が発生します。

一見奇をてらった格好が、実は自己PRの内容とつながっていて合理性があるため、後半から「計算だったのか」「実は賢いぞこいつ」という評価に変わってきます。

なお、この動画ではダンベルを上げ下げしながら話していますが、これは結構難しいので、うまくいかない場合は無理をせず、最初に一回動きを見せるだけでもOKです。

第6章

就活弱者の戦略

～それでも自己ＰＲに自信が持てないあなたへ

ここまで自己PR動画の内容から実践方法、具体的な事例までお伝えしてきましたが、いかがでしたでしょうか。良い自己PR動画が撮れそうなイメージが沸きましたでしょうか。

「バッチリ撮れそう!」という方は問題ありません。しかし、それでも良い動画が撮れる気がしない、という方もいらっしゃるかと思います。本章ではそういった方のために、それでも就職活動を成功させるためのヒントをお伝えします。

自信が持てない根本的原因

それでも自己PRに自信が持てないことの原因として考えられるものは、「学生時代に力を入れたこと」のエピソードが弱いことでしょう。本気で打ち込んだと言えるものが特にない、アルバイトなどの主体性に欠ける活動しかやっていない、といった場合です。これは学生時代をどう過ごしてきたかという、これまでの生き方の問題であり、根本的な話ですから、就職活動のテクニックでどうにかできる問題ではありません。

もしも、まだ就職活動を始めるまでに時間があるのであれば、今からでもアルバイト以外の何かに打ち込むことが根本的な解決方法になります。今から体育会系運動部に入ることは難しいかもしれませんが、例えば友人と一緒に学生団体を立ち上げるとか、被災地にボランティア活動に行くとか、海外を放浪するとか、今からでもできることを見つけてやれば良いのです。結果を出すところまでの時間がなく、就職活動時点で現在進行形の話であっても、本気で打ち込んでさえいれば大丈夫です。

ですが、この本を読んでいる方は、そのような時間がない方が多いでしょう。その場合は、自己ＰＲが弱いことを前提として就活戦略を組み立てていく必要があります。

弱者の戦略

自己PRのエピソードが弱いということは、強いエピソードを持つ他の就活生と競争になった場合に勝てないということです。

この場合は

- **自分の自己PRが弱いことを自覚の上**
- **強い自己PRを持つ他の学生と競争することなく**
- **自分に合った企業に就職する**

という考え方で就職活動を進めていく必要があります。

要するに、多くの学生が志望するような人気企業は狙わず、人気のない企業を狙えば良いのです。人気のない企業と聞くとブラック企業を連想するかもしれませんが、そうではありません。学生に人気のない優良企業は本当にたくさんあります。そういった企業を見つけることは、ちゃんと就職活動を進めていけば、決して難しくはありません。

就職活動の目的は「自分に合った企業に就職すること」です。他の学生と競争して勝つことではありません。競争して勝った方が有利ではありますが、勝ち目が薄いのであれば競争を避けて目的地に到達しても良いのです。

あなたにとって幸いなことに、多くの就活生は就職活動の進め方を間違っています。あなたは、合理的に就職活動を進めていくだけで、自然と他の多くの就活生とは異なる活動をし、有名ではないが自分に合った企業を見つけ、競争を避けつつ選考に臨むことができるのです。他の学生との競争ではなく、企業と自分との一対一の状況に持ち込めば、勝機は見えてきます。

よくある間違い①

人気企業＝優良企業

学生の人気企業ランキングを見ていると、あまり優良とは言えない企業が上位にランクインしていることも珍しくありません。そういった企業を志望する学生の話を聞いてみても、しっかりとした理由があることは稀で、深く考えずにイメージに流されているだけとしか思えないケースが大半です。

では、人気企業とは何かというと、単に「若者にとってイメージの良い有名企業」ということでしかありません。具体的には、航空、鉄道、旅行、食品、化粧品、マスメディア、ゲーム、スポーツなど、若者に身近な一部の業界の、テレビCMをやっているような広告予算の潤沢なＢｔｏＣの大企業です。

確かに、収益力があり社内体制の整ったしっかりした会社ではあるでしょう。しかし、本来就職活動において最も重視すべき点であるはずの、仕事内容や社風が自分に合っているかという観点から選んだ会社ではありません。また、当然ながら、誰もが知っている有名企業であるが故に選考を受ける学生は多く、激しい競争にさらされることになります。

逆に、「人気のない企業＝ブラック企業」とも限りません。学生に知られていない、業界全体のイメージが悪い、本社所在地が地方、会社名がブラックっぽい、などなど、仕事の内容や労務、社風などとは全く関係のない理由で敬遠されている優良企業は本当にたくさんあります。こういった会社は、会社説明会に学生が集まらずに困っています。だからといって簡単に内定が取れるわけではありませんが、少なくとも他の学生との比較ではなく、純粋に自分自身の評価だけで合否が決まる状況にあります。

自己PRの弱い就活弱者は、他の就活生との競争に勝ち人気企業の内定を得る努力をするのではなく、他の就活生が見つけていないであろう知られざる優良企業を探す努力をするべきなのです。

よくある間違い②

売り手市場だから強気に行こう！

さて、人気企業と人気のない企業にどれほどの差があるか、具体的なデータをご紹介しましょう。2020年卒の大学生の求人倍率を企業規模別に見ると、社員数5000人以上大企業の求人倍率は0・42倍なのに対し、社員数300人未満の中小企業の求人倍率は8・62倍となっています。これは、中小企業には8〜9人の募集枠に対し学生が1人しか応募していない状況ということです。

企業規模別　求人倍率の推移

出典：リクルートワークス研究所
大卒求人倍率調査（2020 年卒）

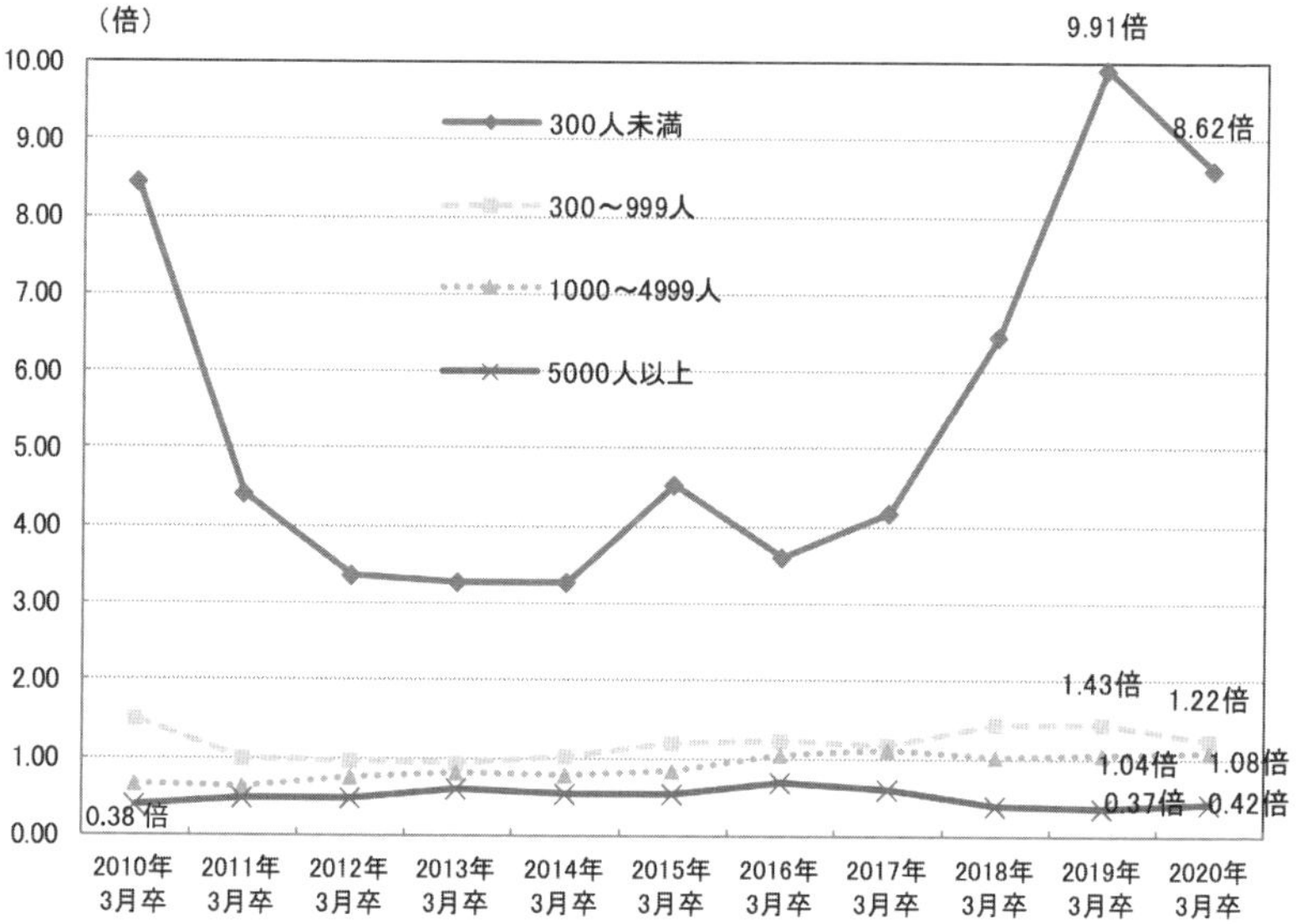
（倍）
10.00
9.00
8.00
7.00
6.00
5.00
4.00
3.00
2.00
1.00
0.00
300人未満
300～999人
1000～4999人
5000人以上
9.91倍
8.62倍
1.43倍
1.22倍
1.04倍
1.08倍
0.37倍
0.42倍
0.38倍
2010年3月卒
2011年3月卒
2012年3月卒
2013年3月卒
2014年3月卒
2015年3月卒
2016年3月卒
2017年3月卒
2018年3月卒
2019年3月卒
2020年3月卒

逆に、大企業には２人の募集枠に５人の学生が応募している状況ですから、実は大企業は売り手市場ではなく、買い手市場となっています。（上図参照）

この０・４２倍という数字がどの程度の買い手市場かというと、２０１０年卒の大企業求人倍率が０・３８倍で、ほぼ同水準となっています。２０１０年卒ですから２００９年に就職活動をしていた世代ということになりますが、リーマンショックの翌年ですから新卒採用市場は超氷河期の状態でした。

つまり、現在は全体では空前の売り手市場となっているものの、大企業に限って言えばリーマンショック級の氷河期状態になっているのです。そのため、大企業の選考ばかり受けていると、知らず知らずのうちに氷河期の就職活動をすることになってしまいます。

もちろん、だからと言って大企業を受けるなと言うことではありません。ただ、大企業しか受けない、あるいは検討の段階から大企業しか見ないというのは、非常に危険だということです。大企業だけでなく、中小企業も含め様々なタイプの企業をバランスよく検討し、選考を進めていく方が良いのです。

よくある間違い③
なんちゃって業界研究

様々なタイプの企業をバランスよく受けることのメリットは、内定の取りやすさだけではありません。本当の意味での業界研究が進み、自分に合った会社を見つけやすくなるというメリットもあります。

そもそも、志望企業を決める上では、異なるタイプの業界・企業を研究し、比較検討するべきです。興味のある業界だけでなく、全く興味の沸かない業界、絶対に行きたくない業界なども情報を集め、比較することで自分にどのような仕事に向いているのか、本当の意味での適性や志望動機が見えてくるのです。

ところが、多くの学生が業界研究と称してやっていることは、最初から興味のある業界をいくつか調べているだけで、それ以外の業界は調べません。比較検討をしていないのです。しかも、自分が興味のあるものを調べていますから、航空、鉄道、旅行、食品、化粧品、マスメディア、ゲーム、スポーツなど、若者に身近な一部の業界に集中します。これでは本当に自分に合った会社など見つけられる訳がありません。

たまたまそういった仕事が適職である可能性もありますから、そういった業界を調べること自体は良いのです。しかし、それ以外の仕事に適性がある可能性の方がはるかに高いのにも関わらず、最初から絞り込んでしまうのは、高い方の可能性を最初から捨ててしまっているわけですから、およそ合理的な就職活動とは言えないのです。

　異なるタイプの業界・企業を見てみると、最初は全く興味がなかったがよくよく見てみると面白そうだと感じたり、悪いイメージを持っていたが実は誤解だったり、逆に良いイメージを持っていたが意外とそうでもなかったりということがよくあります。こういった発見を繰り返すことで本当に自分に合っている仕事を見つけるのが、本当の意味での業界研究なのです。

よくある間違い④

志望企業の説明会にしか参加しない

　人間は、知らないものを選ぶことはできません。何かを選択するときは必ず、知っているものの中から選んでいます。従って、良い選択をするためには、まず情報が必要です。まず情報収集、次に選択という手順になるわけです。

　ところが、就職活動では最初から業界・企業を絞り込んでいるという学生が少なくありません。この場合は、就職活動を始める前から知っていた業界・企

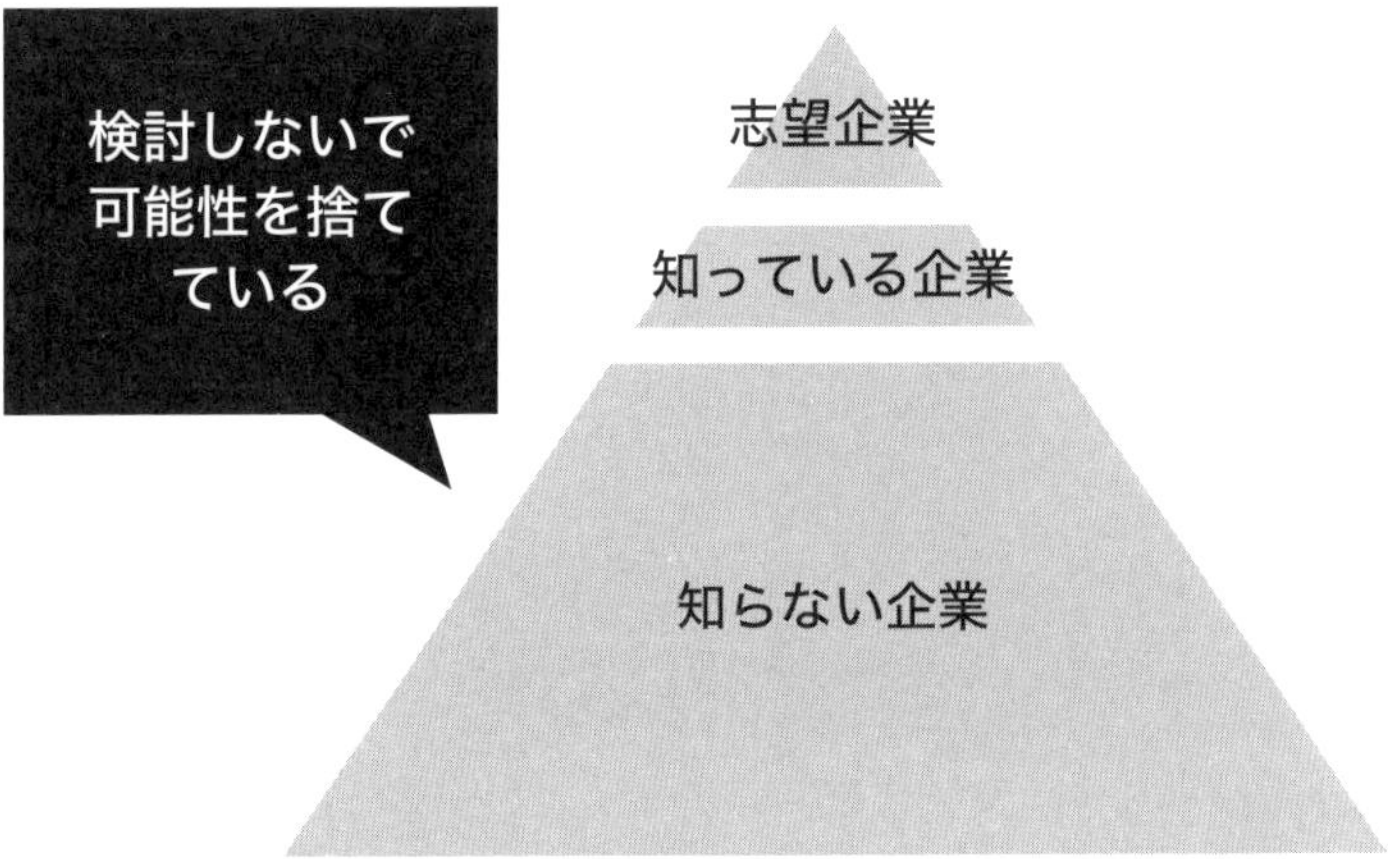
検討しないで
可能性を捨て
ている
志望企業
知っている企業
知らない企業

業の中から決めていることになりますが、20代前半の社会に出る前の若者が果たしてどれだけの企業を知っているでしょうか。

おそらく、全体の1割も知らないことでしょう。ということは、この時点で残りの9割以上の業界は、検討すらせずに可能性を捨ててしまっているわけです。これでは十分な情報を集めているとは言えませんから、本当に自分に合った企業や仕事を見つけることはできないのです。

しかも、その結果選ばれるのは若者に身近な一部の人気業界の有名企業ですから、競争率の高い氷河期状態での就職活動を強いられ苦労することにもなります。

つまり、就職活動の初期段階、業界研究

の段階では、まだ志望業界を絞り込んではいけないということです。志望企業を決めるための情報収集をするのですから、全くイメージの沸かない知らない業界や、悪いイメージを持っている業界なども情報を集めた上で比較検討する必要があるのです。

よくある間違い⑤

志望度の高い企業から順に受ける

ロールプレイングゲームでは最初はザコ敵を倒して経験値を稼ぎ、レベルを上げてからボスを倒してクリアします。就職活動もゲームと一緒で、経験値を積んでいくことでレベルが上がっていきます。

初めての面接では緊張し、頭が真っ白になって受け答えもしどろもどろになりますが、何回か面接を受けることで徐々に慣れていき、少しずつ自然体で話せるようになります。さらに、1社内定を取ると気が楽になり、余裕をもって面接官との対話ができるようになります。

ところが、志望度の高い企業から順に選考を受けるという学生も少なくありません。中には第一志望の企業を最初に受けるという方もいますが、これはゲームスタート直後のレベル1の状態でラスボスとの戦いに挑むのと同じことです。それでも内定を取れる可能性はゼロではありませんが、最も可能性の低い状態で臨むことになります。本当にその会社の内定を取りたいのであれば、場数を踏み経験を積んでから臨む方が良いことは間違いありません。

実際には必ずしも志望順位通りに選考スケジュールを調整できるわけではありませんが、少なくとも第一志望の受付が始まるまで就職活動を控えるようなことはメリットがないということです。志望度とは関係なく、今そこに受けられる会社があるのなら、その選考は受けた方が良いのです。

一部のベンチャー企業など、早いところでは3年生の夏頃から選考を開始している会社もあります。こういった早い時期に選考している会社もどんどん受けていくと早くレベルが上がり、4年生になってからの就職活動にも有利に働きます。

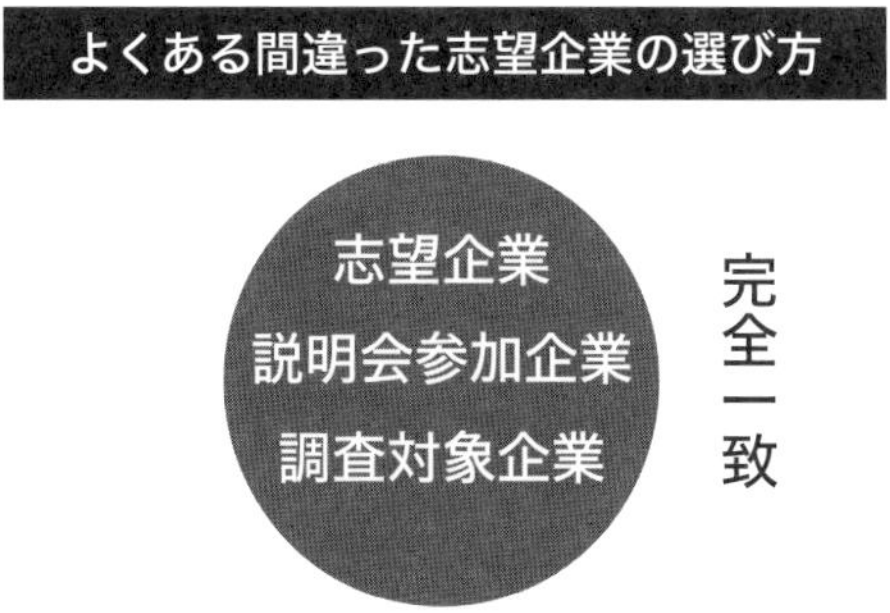
よくある間違った志望企業の選び方
志望企業
説明会参加企業
調査対象企業
完全一致

合理的な志望企業の選び方
志望企業
説明会参加企業
調査対象企業

就活弱者のための就職活動の進め方

ここまでの話を踏まえて、筆者の推奨する就職活動の進め方は次の通りです。

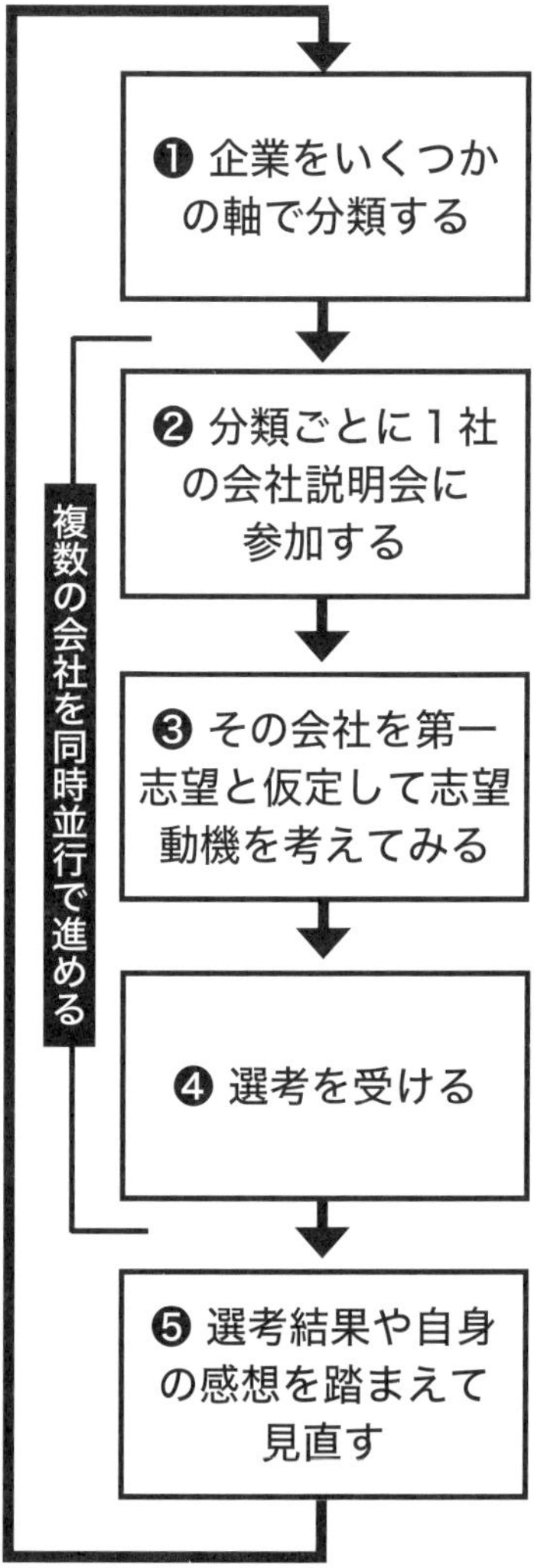
❶ 企業をいくつかの軸で分類する
❷ 分類ごとに1社の会社説明会に参加する
❸ その会社を第一志望と仮定して志望動機を考えてみる
❹ 選考を受ける
❺ 選考結果や自身の感想を踏まえて見直す
複数の会社を同時並行で進める

以下、各手順を具体的に見ていきます。

❶ 企業をいくつかの軸で分類する

興味のない業界や知らない業界も情報収集が必要と書きましたが、この方法が問題です。リクナビ登録企業だけでも1万社以上、時期によっては2万社近くありますから、これらを全て調べることは不可能です。インターネットで検索しようにも、知らないものは検索ワードもわかりません。

そこでお勧めの方法が2つあります。サンプル法とランダム法です。

❶-① サンプル法

サンプル法は、いくつかの企業をサンプル的に調べることです。その際、なるべくタイプの異なる会社を見ることできるよう、複数の軸で分類するのがポイントです。

最もわかりやすい分類は「業種」ですが、絶対視しないよう注意が必要です。業種と言うのはその会社が手掛けている事業のうち中心的なものを捉えて便宜上「○○業界」と分類しているものですが、ほとんどの場合その事業しかやっていないわけではなく、他の事業も手掛けています。いわば、実態としては複数の業界に属しているわけです。

例えば、食品会社は食品を生産するだけでなく、レストランも運営していることが多く、その意味では食品業界であると同時に外食業界でもあります。一方、外食の会社も店舗では調理せずセントラルキッチンで作ったものを出している場合は、自前の食品工場と流通網を持っているわけですから、実態としては食品業界でもあるわけです。

学生には食品業界は人気があり、外食業界は不人気で、「食品業界志望です。外食業界は絶対イヤです」という学生も少なくありませんが、全く業界研究が甘いと言わざるを得ません。

業種以外の軸としては規模（従業員数）、社歴の長さ、地域などが最初はわかりやすいでしょう。就職活動を進めていく中で見直しを行い、これら以外の軸を追加したり、逆に減らしたり、あるいは同じ軸でもより細かく分類したりして、自分に合った企業分類方法を作り上げていきましょう。

❶-② ランダム法

ランダム法は、企業とのランダムな出会いに期待する方法です。運任せな方法ではありますが、事前調査なしにすぐに動けることがメリットです。就職活動の最初期や、頭でっかちに考えすぎてしまい実際の選考が進まない場合などに有効な方法です。

具体的には、

・合同説明会で空いているブースや担当者と目が合ったブースに片っ端から足を運び話を聞く
・スカウト型の就活サービスに登録し、スカウトが来た会社の選考を片っ端から受ける
・連絡しやすいOBのところにOB訪問する

などです。いずれの場合も、この段階では企業を選ばず1社でも多く情報を集めることを意識すると良いでしょう。

❷分類ごとに1社の会社説明会に参加する

インターネット上の情報だけではその会社の社風や、具体的な仕事内容などはよくわかりません。やはり、自分の目で見て耳で聞く生の情報も必要です。会社説明会を開催している企業であれば、説明会に参加して話を聞くのが最もわかりやすいです。さらに、合同説明会は複数の会社の説明を1日でまとめて聞くことができますので、非常に効率的です。

せっかく企業がコストをかけてわざわざ説明会を開いてくれているのですから、なるべく多く参加し多くの情報を得ることで、業界研究・志望企業選びが進むことでしょう。

❸その会社を第一志望と仮定して、志望動機を考えてみる

説明会に参加したら、その会社を第一志望と仮定して志望動機を考えてみます。「志望動機」というアウトプットを意識することで、会社説明会でのインプットを良好にし、企業の理解が深まります。説明会での態度も自ずと良くなり、質問もしやすくなるでしょう。

説明会参加前の段階では志望動機は考えなくて構いません。会社説明を聞かなくても志望動機のある会社しか説明会に参加しないということだと結局、興味のある会社しか調べない「なんちゃって業界研究」と同じことになってしまいます。また、説明会を聞かずにインターネット上の情報だけで志望動機を考えてしまうと、頭でっかちで地に足のついていない、薄っぺらなものになりがちです。志望動機は、会社説明を聞いて初めてわかるもので良いのです。

❹ 選考を受ける

せっかく会社説明会に行ったのですから、選考を受けましょう。会社説明を聞いて「こんな会社絶対行きたくない」と思った場合は無理に受けなくても構いませんが、基本的に学生側から辞退するメリットはありません。

選考にかかるコストは企業が全て負担してくれるのですから、学生側の負担は時間を使うことと交通費ぐらいです。例え落ちたとしても経験を積めますから、決して無駄になることはありません。就活初期のまだ面接慣れしていない段階では、どのみち不採用になる可能性が高いので、その意味でも志望度の高くない会社でもどんどん受けていった方が良いでしょう。

志望順位は、複数の会社の内定を頂いたら初めて考えれば良いでしょう。まだ内定をもらっていない段階で第一志望、第二志望などと分類する行為はまさに「捕らぬ狸の皮算用」で、何の意味もありません。1社しか内定をもらえなければその会社に入るしかないのですから、その意味ではまだ内定のない段階では全ての会社が第一志望です。選考を受ける全ての会社に対して第一志望という意識で臨みましょう。

なるべく早い段階で、最初の内定を取りましょう。そうすれば自信がつき、以後の就職活動が俄然楽になります。今の内定先との比較でこれから選考を受ける会社を見ていけば良いので、企業の見方もわかりやすくなります。常に1社は内定を持った状態で心の余裕を持ちつつ、納得がいくまで就職活動を続けましょう。

❺ 選考結果や自身の感想を踏まえて見直す

選考を受けて内定をもらえたり、内定には至らなくても惜しいところまで進めた場合などは、その会社に対する適性が高いものと考えられます。会社説明会から受けた印象が良かった場合も、能力や適性は不明ですが、性格的には向いていたということでしょう。逆に不採用だった場合、会社説明会から受けた印象が悪かった場合は、向いていないのかもしれません。

具体的にどのような点が向いていたのか、向いていなかったのか、わかる範囲で考えてみましょう。ただし、選考結果については結果（合否）以外は教えてもらえないことが多いので、わからない場合はあまり考えすぎないようにしてください。

会社説明会から受けた印象については、自分が感じたことですから分析できるはずですので、基本的にはこちらを中心に考えていくと良いでしょう。

そうしてわかった向いている要因、向いていない要因を、「❶企業をいくつかの軸で分類する」に戻って企業の分類に反映させていきます。向いていると思われる分類については、２社目、３社目を受けていきましょう。逆に、向いていないと思われる分類は、以後見送っても良いでしょう。

また、新たな軸が発見される場合もあります。例えば、社長が若い会社が自分には合っていそうだと思った場合は、社長の年齢という軸を新たに追加して企業を分類していくと、新たな発見があるかもしれません。

こうして、❶〜❺のサイクルを繰り返していきます。このうち❷〜❺は実際に企業の説明会・選考を受けながら進めていくことになりますが、１社ずつではなく複数社を同時並行で進めてください。1社ずつ受けていくと、不採用になった場合に次の会社を探すところから始めることになり、時間がかかってしまいますし、精神的なショックも大きいです。同時に選考を進めている他の会社があれば、不採用になってもすぐに次の選考がありますから、気持ちの切り替え、立て直しがしやすいです。

空前の売り手市場であっても、就職活動では内定となることよりも不採用になることの方が圧倒的に多いです。基本的には10社中9社は不採用になるものと思って臨むと良いでしょう。実際には10社を同時並行で進めることは、時間のやりくりや頭の切り替えが難しいと思いますが、少なくとも3社は常に選考中の状態を維持するようにしてください。

「全ての会社を第一志望と考える」ということと矛盾しているように感じる方もいらっしゃるかもしれませんが、そうではありません。例えば、同じ日の午前にA社、午後にB社の選考を受ける場合でしたら、午前中はA社が第一志望、午後はB社が第一志望と頭を切り替えるということです。恋愛では一途であることは美徳かもしれませんが、就職活動においては一途であること（1社しか受けないこと）は美徳ではなく、単なる怠慢です。

このように就職活動を進めていくことで、例えマイナーな業界の無名の会社だとしても、本当に自分に合った会社を見つけ、その理由を明確にし、内定を獲ることができるはずです。精神的にも就職活動全体に納得感を得ることができ、社会人として気持ちよくスタートできることでしょう。

就職活動の目的は、イメージの良い有名企業の内定をもらうことではありません。働く目的を明確にし、本当に自分に合った環境を得て、社会人として良いスタートを切ることです。そうして、早期離職することなくしっかりとキャリアを形成しスキルを得ることができれば、あなたの将来は明るいでしょう。

おわりに

「日本の就職活動はおかしい」と思っている方は少なくないでしょう。と言うよりも、就職活動を経験した全ての人がおかしいと感じるレベルだと思います。例えばリクルートスーツ。選考では人柄や個性を見るはずなのに、皆同じような服装をして個性を殺しています。学生側にも企業側にもメリットのない、謎のルールです。このような誰も得をしていない謎ルールだらけの不思議な仕組みが定着してしまっています。

どんなに不合理なものでも、定着している仕組みを変えるのは大変なことです。それよりも、全く新しいものを作る方が簡単です。私が動画就活サイト「いきなり！面接」を始めたのも、そのような思いからでした。エントリーシートを廃止し、代わりに動画を使うというコンセプトですが、その際に従来の就職活動のおかしな点を洗い出し、その逆を行く形で設計していきました。撮影時の服装を「リクルートスーツ禁止」としたのもその一例です。会社説明会や面接はリクルートスーツが当たり前に定着してしまっていますから、変えることは難しいですが、まだ定着していない動画であれば「スーツではなく、自分の個性が出せる服装で撮影するのが当たり前」という文化を、これから作っていくことが簡単にできるはずなのです。

ところが、サービスを始めてみると、服装自由と言われてもリクルートスーツ姿で撮影しようとする学生の多さに驚きました。話を聞いてみると「自分の個性を出せる服装と言われてもどうすれば良いかわからない」「自己PRに自信がない」という声が多く聞かれました。もちろん、従来の就職活動に違和感を持ち、それを変革しようという弊社の理念に共感してくれる学生もいましたが、全体から見れば少数派です。

わからない、自信がない、だから学生自ら「型にはまる」ことを選んでしまう。そうしてこのような謎ルールが出来上がっていることがわかりました。それならば、知識を得て自信が持てれば、自由に個性を表現することができるようになるはずです。

現在は「いきなり!面接」以外にも動画を使った就職活動が普及しつつあり、時代の変化を感じています。同時に、動画を使った就職活動の新たな仕組みが、今まさに作られようとしています。旧来の就職活動のおかしな点がそのまま引き継がれるか、それらを是正し合理的な仕組みに変わっていくかの岐路にあるのです。

しかしながら、動画を有効に活用し、自分をしっかり表現できる学生はまだまだ少ないのが実情です。本書をお読み頂いた学生の皆さんが正しい知識を得て就職活動に対する恐怖心を払拭し、動画をうまく活用して良い就職活動ができることを、そして自分に合った会社に就職してご活躍されることを願っています。

そして、日本のおかしな就職活動の仕組みが是正され、学生にとっても企業にとっても負担の少ない合理的なものに変わっていくことを願っています。本書がその一助となればこの上ない喜びです。

令和元年十二月吉日　小林　誠

■著者プロフィール

小林　誠（こばやし・まこと）

株式会社いきなり面接　代表取締役社長

1974年11月27日生まれ

東京都立大学経済学部卒

ニッセイ情報テクノロジー（株）、（株）野村総合研究所、衆議院議員公設秘書を経て動画就活サイト「いきなり！面接」を立ち上げる。これまでに自己ＰＲ動画を指導・撮影した就活生数は2000名を超える（2019年現在）

自己ＰＲ実践チェックリスト

① 視線 ➡相手の目を見る	
② 表情 ➡笑顔	
③ 姿勢 ➡背筋を伸ばして堂々と	
④ 身振り ➡無駄な動きはしない	
⑤ 声 ➡大きな声で元気よく	
⑥ 話すスピード ➡落ち着いてゆっくりと	
⑦ 原稿 ➡見ない	
⑧ 話の区切り ➡一文は短く区切る	
⑨ ミスした時の対応 ➡何事もなかったかのように続ける	

自己ＰＲ原稿シート

1．最初の挨拶	（笑顔で元気良く）
2．長所	（自分の長所を一言で）
3．エピソード	（長所の裏付けとなる話を、具体的かつ簡潔に）
4．終わりの挨拶	（笑顔で元気良く）

平成出版 について

本書を発行した平成出版は、基本的な出版ポリシーとして、自分の主張を知ってもらいたい人々、世の中の新しい動きに注目する人々、起業家や新ジャンルに挑戦する経営者、専門家、クリエイターの皆さまの味方でありたいと願っています。
代表・須田早は、あらゆる出版に関する職務（編集、営業、広告、総務、財務、印刷管理、経営、ライター、フリー編集者、カメラマン、プロデューサーなど）を経験してきました。そして、従来の出版の殻を打ち破ることが、未来の日本の繁栄につながると信じています。
志のある人を、広く世の中に知らしめるように、商業出版として新しい出版方式を実践しつつ「読者が求める本」を提供していきます。出版について、知りたい事やわからない事がありましたら、お気軽にメールをお寄せください。

book@syuppan.jp 平成出版 編集部一同

動画就活必勝法～内定を獲る自己PR動画撮影術～

令和元年（2020）2月1日 第1刷発行

著　者　**小林　誠（こばやし・まこと）**
株式会社いきなり面接　代表取締役社長

発行人　須田早

発　行　**平成出版** 株式会社

〒104-0061 東京都中央区銀座7丁目13番5号
ＮＲＥＧ銀座ビル１階
経営サポート部／東京都港区赤坂8丁目
TEL 03-3408-8300　FAX 03-3746-1588
平成出版ホームページ http://www.syuppan.jp
メール : book@syuppan.jp

発　売　株式会社 星雲社
〒112-0005 東京都文京区水道 1-3-30
TEL 03-3868-3275　FAX 03-3868-6588

編集協力／安田京祐、大井恵次
制作協力／Ｐデザイン・オフィス　イラスト／かもめとデザイン
印刷／(株)ウイル・コーポレーション